Professora Natureza

inspirando o desenvolvimento emocional infantil

Preparo de originais: Gabrielle Antunes   **Ilustração:** Lu Morena
Supervisão de texto: Jéssica H. Furtado   **Capa:** Geovanna Votto
Revisão: Liza Alvarenga   **Diagramação:** Geovanna Votto

A editora não se responsabiliza pelo conteúdo da obra, formulada exclusivamente pelo(s) autor(es).
A editora não se responsabiliza pela manutenção, atualização e idioma dos sites referidos pelos autores nesta
obra. 1a Edição, 2024 — Edição revisada conforme o Acordo Ortográfico da Língua Portuguesa de 2009.
Publique seu livro com a Ases da Literatura. Para mais informações envie um e-mail para
originais@asesdaliteratura.com.br
Suporte técnico: A obra é comercializada da forma em que está, sem direito a suporte técnico ou orientação
pessoal/exclusiva ao leitor.

Catalogação na publicação
Elaborada por Bibliotecária Janaina Ramos – CRB-8/9166

C972p

Cunha, Thais

Professora natureza: inspirando o desenvolvimento emocional infantil / Thais
Cunha; Ilustrações de Lu Morena. – Rio de Janeiro: Ases da Literatura, 2024.

92 p., il.; 17 X 24 cm

ISBN 978-65-5420-845-1

1. Literatura infantil. I. Cunha, Thais. II. Morena, Lu (Ilustradora). III. Título.

CDD 028.5

Índice para catálogo sistemático
I. Literatura infantil

Todos os direitos reservados, no Brasil, países da
Europa e Estados Unidos, por Editora Ases da Literatura

Para comprar os livros com maior desconto possível,
visite nosso site e acesse o catálogo – www.asesdaliteratura.com
Instagram - @editoraasesdaliteratura e @editoraasinha

THAIS CUNHA

Ilustrações: Lu Morena

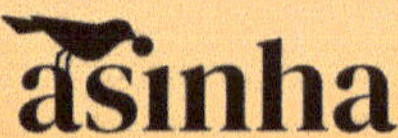

asinha

Professora
Natureza
inspirando o desenvolvimento
emocional infantil

Dedicatória

Dedico a tudo e todos que já foram ou são inspiração para eu ser o que sou.

Sumário

A FORÇA DO BESOURO E DA FORMIGA

Jorge, Matheus e Bernardo, do quinto ano, sempre brincavam de apostar corrida quando estavam juntos. Normalmente, a disputa era dura entre Matheus e Bernardo. Jorge fingia que não ligava, mas, toda vez que iam disputar uma nova corrida, logo pensava "lá vou eu chegar por último de novo". Ele era o menor dos três e se sentia inferior.

Um dia, chegou inquieto para sua mãe e perguntou:

— Mãe, será que eu vou crescer, ter pernas grandes e ser mais alto que meus amigos um dia?

Sua mãe não esperava aquela pergunta.

— Isso é importante para você, filho? — Dando um abraço nele.

— Sim, porque com pernas maiores, talvez, eu vença na corrida, mãe.

A mãe entendeu que ele parecia estar se sentindo inferior e resolveu contar uma história.

— Jorge, meu filho, às vezes, não notamos nossas qualidades e ficamos inseguros. Você pode estar preso à vontade de ser maior e mais rápido, porém, não está vendo outras boas características que você já tem.

— Como assim?

— Veja os besouros e as formigas. Aparentemente são animais fracos e frágeis, mas são dois dos animais mais fortes do mundo! Acredita?

— Não é possível, mãe! Olha os tubarões e gorilas!

— Sim, meu filho, esses são muitos fortes, mas eles já têm a aparência de serem fortes por serem grandes, não é mesmo? Contudo, as formigas e os besouros não parecem, mas são muito fortes.

Jorge ficou intrigado e perguntou:

— Como que eles são fortes e tão pequenos ao mesmo tempo?

A mãe dele riu e respondeu:

— Jorge, imagina você conseguindo carregar 50 vezes o seu próprio peso nas suas costas...

— Noooossa, mãe! Eu seria o mais forte da escola toda!

— Pois é, a formiga consegue fazer isso. Acredita? E digo mais, meu filho, o besouro consegue carregar até 850 vezes o próprio peso dele, nas próprias costas. Ele é mais forte que a formiga por isso!

1°

Jorge ficou de boca aberta, pois não conseguia imaginar que esses animais tinham esse poder, já que são tão pequenos.

Então, a sua mãe completou:

— Você pode não ter as maiores pernas pra correr, meu filho, mas são as pernas que te dão base e chute forte pra ser o melhor lutador de karatê do seu time. Além de ter uma voz linda! Sim, eu te escuto cantar escondido no banheiro! — ela disse, rindo.

Jorge entendeu e, mesmo com timidez, reconhe-
ceu.

— É, eu acho que você tem razão, mãe. Parece
que, nesse caso, meu tamanho e velocidade não
importam. Eu tenho outras forças, né?

— Sim, meu filho. Você é incrível!

Depois desse dia, o pequeno Jorge começou a participar das corridas com seus amiguinhos até mais leve, sem se importar com o último lugar, pois ele sempre lembrava que era muito bom em outras atividades e que cada um guarda dentro de si grandes potenciais, ainda que as aparências não digam nada. No final, Jorge aprendeu que pouco importa o tamanho dele, as potências estão dentro de cada um e tudo depende do quanto vemos e acreditamos nelas.

A LAGARTA VENCEU O MEDO

No tronco de uma árvore, uma lagarta chamada Verdinha andava pensativa quando esbarrou com a linda borboleta azul. Verdinha perguntou:

— Será que eu posso escolher não virar borboleta?

— Por quê?

— Estou com medo.

— Medo de quê?

— Medo de ficar sozinha no escuro e não conseguir sair depois. Já estou bem sendo só uma lagarta, então, por que só não me deixam ficar assim mesmo?

A linda borboleta azul sorriu e disse:

— Seu medo é normal. Todas nós sentimos medo desse momento de mudança, mas eu garanto: não dá para fugir do nosso caminho e, apesar do medo, você descobrirá, lá dentro do casulo, a coragem de ser você mesma.

— É assustador. Por que só nós temos que passar por isso?

— Você está enganada. Todos nesse mundo passam por mudanças e ciclos. Alguns mais aparentes e outros não. Veja as serpentes. De tempos em tempos, elas trocam toda a pele e, nesse período, se isolam, ficam mais agressivas e deixam de comer, até que consigam descartar toda a pele antiga, dando lugar ao brilho da nova pele.

Verdinha abriu os olhos arregalados e a borboleta azul continuou:

— Já reparou algumas árvores que secam no inverno? Muitos acham que elas estão morrendo, mas é exatamente o inverso: estão direcionando toda a sua força para a raiz, pois, desse modo, suportam o frio e, logo depois, renovam todo seu esplendor com novas e belas folhas. Assim somos nós e posso garantir que vale a pena passar pelo casulo para seremos livres e leves depois.

Dias se passaram e a borboleta azul dançava pelo campo numa manhã fresca de outono, quando ouviu um grito ao longe:

— Você estava certa! — disse a agora borboleta verde, se aproximando em pleno voo. — Que maravilha ser o que sou hoje! Enquanto eu estava no casulo, suas palavras ecoavam no meu coração e eu me senti confiante. Quantas reflexões eu tive! Quantas coisas deixei para trás para ser o que sou agora! Tão mais leve para voar. Obrigada!

A borboleta azul apenas sorriu, sabia que nada mais precisava ser dito e somente a convidou para dançar pelos ares.

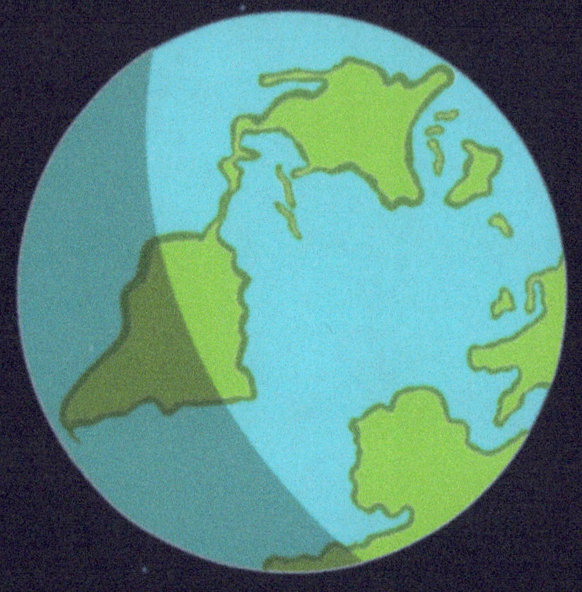
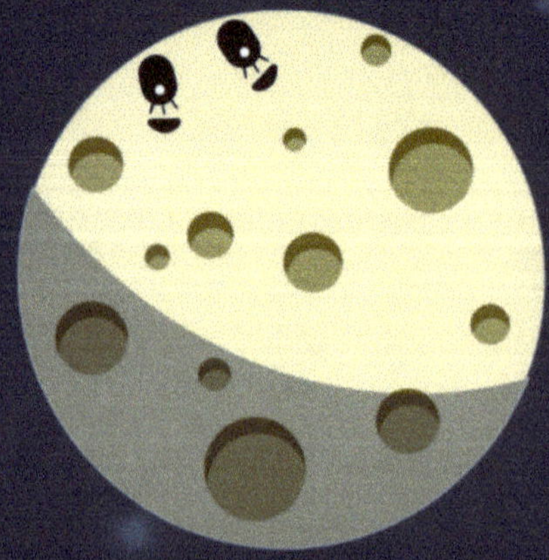

A TERRA RECONHECEU
O VALOR DA LUA

De repente, houve luz. Todas as coisas pareciam estar no seu devido lugar no universo, como uma grande e complexa obra de arte. A Terra foi ganhando cada vez mais características especiais e habitantes também. A Lua reparava a grandeza do Sol iluminando a Terra e, com tantas lindas estrelas ornamentando o céu das noites, ela se entristecia por não ter, também, seu próprio brilho e acabava se sentindo solitária no meio da imensidão.

As estrelas mais próximas zombavam e diziam a ela:

— Cadê o seu brilho? O que você tem não é seu!

Aquilo magoava a Lua, já que ela apenas refletia o brilho do Sol.

Todos engrandeciam o Sol, astro rei, na sua magnitude e importância diante da amada Terra. Não pareciam realmente enxergar a Lua.

Numa noite estrelada, a Terra notou que a tristeza da Lua estava se prolongando e, com empatia, a chamou:

— Psiu! Lua!

A Lua deu um pulo de susto!

— Oi?! — respondeu.

— Eu sei que a gente nunca conversou — disse a Terra —, mas eu estou notando você tristonha há muito tempo e queria saber o motivo, Lua.

— Obrigada pelo seu interesse, Terra. Você, com tantas ocupações, notou minha tristeza. Mas acho que não pode me ajudar. Olhe para mim, eu não tenho meu próprio brilho como todas as estrelas no céu e como o grande Astro Rei... e nunca terei. Já você, Terra, é um grande espetáculo de beleza, abriga todos os humanos e os animais. Eu estou aqui, sozinha e sem brilho.

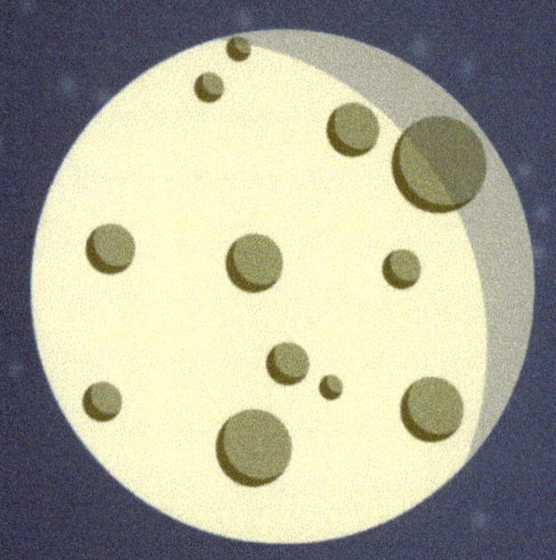

Tímida, a Lua não conseguia entender o que aquilo queria dizer. O que mais poderia ser tão importante além de brilhar e oferecer sua energia para Terra cultivar todas as vidas? Já o benefício dela mesma, ela não conseguia enxergar.

— Não vejo minha importância mesmo — ela disse.

— Talvez você não esteja vendo, pois está focando só nos grandes brilhos, Lua. Então, vou dizer: primeiro de tudo, aqui na Terra todos te amam! Não imagina quantos e quantos acreditam na sua influência. Até nas emoções, viu?!

A Lua ficou com os olhos cheios de água e muito espantada, quase sem acreditar, pois, pela distância, ela não sabia disso.

— Além disso, você influencia nas correntes e nas cheias das marés, o que é muito importante para os marinheiros e pescadores. E tem mais! Você guia até agricultores, já que cada fase sua mostra a hora certa das podas, pois indica onde a seiva está mais concentrada nas plantas e, também, a melhor hora para plantar e obter o melhor crescimento.

A Lua, agora, estava com o olho arregalado.

— Sim! — continuou a Terra. — Você equilibra a minha posição no Universo, Lua, o que provoca diferentes estações ao longo do ano por aqui, e os tipos de climas também. Por fim, tem gente que se guia por você até para cortar o cabelo! — disse, rindo.

A PRUDÊNCIA DA SERPENTE E A TEIMOSIA DAS PERNILONGAS

Uma tarde de sol começava a dar lugar à penumbra da noite no parque da cidade. Famílias saboreavam o final dos seus lanches, sentadas no gramado e vendo as luzes dos postes começando a acender, ainda timidamente.

Notavam os sons do dia silenciando e começando a surgir outros. Inclusive, os insistentes pernilongos famintos atrás de refeição, fazendo zumbido no ouvido e deixando picadas pelo corpo.

Começavam os tapas daqui, as raquetadas dali. Alguns logo sacavam o spray repelente: uma morte em massa dos insetos.

No alto de uma das árvores e devidamente escondida, a jovem serpente observava a movimentação dos humanos e dos outros animais lá embaixo, já que algum poderia lhe interessar para sua própria refeição.

Dia após dia, principalmente nos finais de tarde, costumava notar a movimentação desses insetos que, até então, não lhe interessavam em nada, mas passaram a chamar a atenção pelo comportamento tão diferente que tinham.

"Será que não notam que se colocam em perigo todo o tempo?", a serpente pensou sozinha.

Como era comum, no alto das árvores, a velha serpente seguia prudente, analisando a melhor hora de se expor aos riscos, ainda que fosse por uma boa recompensa. Já os pernilongos fugiam de um tapa e depois estavam lá novamente para levar outro e, a maioria das vezes, morriam por essa teimosia. Qual era o sentido dessa imprudência ou desvalor à própria vida? A serpente não conseguia entender essa atitude.

Certo dia, um desses voadores teimosos pousou perto da serpente e, diferente das outras vezes que os ignorou, ela resolveu chamá-lo.

— Ei, você!

O inseto olhou temeroso.

— Não queria te assustar — disse a serpente. — É que queria entender por que vocês se colocam tanto em risco e não se afastam quando notam que podem se machucar e até morrer?

A resposta veio:

— Nós, fêmeas, precisamos de sangue para a produção de nossos ovos. Por isso, nos expomos ao risco. Somente o néctar e a seiva não são suficientes para nós.

— Os machos não precisam se expor ao risco, então? — questionou a serpente.

— Não, eles somente precisam do açúcar do néctar e da seiva, já que não produzem ovos. Eles acabam sendo mais polinizadores que nós por isso, mas precisamos nos alimentar de sangue pelo bem dos ovos.

— Entendi — disse a serpente, mas, não conformada, seguiu a conversa. — Ouça, daqui do alto vejo muitas de sua família morrerem por não verem o risco que correm, enquanto eu procuro identificar bem as presas e a hora de dar o bote. Por que vocês não buscam ter mais cautela ao se exporem na batalha diária de vocês?

— Como assim? — indagou a pernilonga. — É assim que sempre fizemos, é assim que funcionamos — completou.

— Mas vocês podem ser mais cuidadosas. Prudência na medida certa é muito importante para se preservarem.

A frágil pernilonga resolveu ouvir com atenção.

— A propósito, meu nome é Zí — disse ela.

— Ah, desculpe, o meu é Tissi — disse a serpente.

E começou a explicar seu ponto de vista:

— Quando vocês notam que as pessoas estão acordadas, é motivo do primeiro alerta. Se forem adultos, atenção redobrada. Logo, se estiverem dormindo ou se forem crianças, terão menos chances de morrer. Se avistarem qualquer tipo de repelente ou inseticida, fujam rápido! Não insistam, vocês são muito teimosas! Não fiquem na altura dos olhos dos humanos, busquem as costas. Animais também não oferecem grandes riscos.

Zí ficou espantada com tantos detalhes que ela e a família nunca prestaram atenção e faziam sentido. Zí notou que a obstinação atrás do que elas precisavam, o sangue, as deixava cegas. Porém, com a ajuda de Tissi, era possível realmente serem mais prudentes.

Zí refletiu e respondeu:

— Nós não entendíamos como era perigoso o nosso comportamento. A necessidade do sangue para crescimento dos nossos ovos não nos deixou refletir sobre a forma que nos expomos aos riscos no caminho. Tantos da nossa família se perderam sem necessidade.

— Uma vez, aqui neste parque, uma irmã minha conseguiu bastante alimento da mão de um humano e, quando ele notou, ela voou. Ele conseguiu pegá-la no voo! Por sorte, ele não apertou o suficiente e ela escapou assim que ele abriu a mão. Acredita que ela voltou no mesmo lugar em seguida? Dessa vez não teve jeito! Foi esmagada por um tapa e perdeu toda a comida que acumulou no final das contas. Triste.

A serpente ficava indignada com tamanha falta de astúcia e estava muito disposta a vê-las mais atentas dali em diante.

Zí saiu agradecida e certa de que iria influenciar sua família a seguir o conselho de sua nova sábia amiga.

Curiosamente, alguns do grupo de Zí não aceitaram as ideias de mudança. Diziam:

— Assim nascemos e assim morreremos.

Mas, para a alegria de Zí, muitas outras se animaram com a chance de viverem por mais tempo e cumprindo ainda seu papel como pernilongas.

No dia seguinte, a serpente estava animada para ver como seria.

Ao final do dia, Zí foi ao alto da árvore para contar as novidades.

— Tissi, foi incrível terminar o dia vendo que diminuímos muito nossos comportamentos imprudentes, que a maioria esteve atenta à própria vida, escolhendo melhor as atitudes, pois não estávamos no usual comportamento automático da teimosia.

Tisse brilhou os olhos e disse:

— Eu vi tudo daqui, Zí. Olha, certamente sofreremos danos na vida. Nem sempre a prudência nos preservará. Mas, pensarmos no que é melhor para nós e termos paciência para fazermos melhores escolhas demonstra que temos amor a nossa própria existência. O que notei hoje é que vocês conseguem exercer o papel de vocês sem se colocarem em perigos desnecessários, e isso é bom! Estar aberto a aprendizados e evoluir é o melhor da vida. Não é mesmo?

RÁ!
RÁ!
RÁ!
RÁ!
RÁ!
RÁ!

Zí riu, concordou e suspirou alegre, dizendo:

— Agora, deixa eu te mostrar como é bom ser um pouco mais ousada?

E gargalharam juntas.

NINA E SEU FORMIGUEIRO INTELIGENTE

Nina, uma jovem formiguinha, andava tristonha pelo seu grande e amado formigueiro. Observava toda a rotina dali, sem entender como iria contribuir quando fosse maior. Tudo era tão encaixado, mas, ela não se sentia parte da comunidade.

Uma formiga chamada Beta caminhava naquele momento, fazendo a sua ronda diária, e notou o olhar triste de Nina. Resolveu, então, acompanhá-la pela caminhada.

Com sua sabedoria, percebeu o que entristecia o coração da jovem formiguinha e disse:

— Nina, às vezes, precisamos de ajuda pra acalmar nossas dúvidas.

— Mas, tia Beta, parece que só eu sinto isso. Olha aí, todo mundo no nosso formigueiro ajuda. Enquanto isso, estou cheia de dúvida e angústia por não saber como contruibuir — respondeu Nina, depois de muito pensar.

— Não é bem assim, querida Nina. Veja o Tom, que é muito bom e inteligente fazendo a alegria musical do nosso formigueiro. Ele precisou de auxílio também para entender isso, pois, inicialmente, achava que devia ser como a Mica. Mica está sempre organizando as obras e construções, consertando o que pode para ficar tudo bem bonito e arrumado, como você vê aqui.

Nina ficou aliviada de notar que não era só ela que tinha dúvidas. Pelo jeito, Tom achava que tinha que ser igual Mica, mas descobriu que era diferente. "E eu que não acho nada de mim ainda?", pensou Nina, quietinha.

Mais à frente, Beta mostrou a ela o Foguinho: ágil e forte para carregar todas as folhinhas no ombro e ainda dançava pelo formigueiro com todo aquele peso nas costas! Incrível! Aquela alegria dele nem sempre foi assim, pois seu pai esperava que ele gostasse de ficar no setor administrativo do formigueiro, assim como toda a família sempre foi. Porém, Foguinho era diferente e precisavam respeitar isso.

Nina ainda descobriu que a irmã dele, a jovem Flora, também era diferente. A Flora entendia do clima, das chuvas, das estações do ano e das colheitas como ninguém. Sobre todas as informações e dúvidas da natureza, era dela que ouviriam as respostas. Inclusive, nesse momento, o setor de Flora detectou que iria chegar chuva. Um anúncio no alto-falante do formigueiro deu a notícia e pediu que se preparassem para chegada dela.

JORNAL DA DORIS

Beta disse que quem cuidava dessa parte de todos os avisos e do jornal da comunidade era a Doris, e que ela inicialmente tinha escolhido trabalhar no mesmo setor que Foguinho, mas, com o tempo, notou que o lugar dela não era ali. Ela amava escrever e comunicar as notícias.

Nina ficou encantada com aquelas histórias e mais ainda quando Beta disse:

— Quanto à mim, estou aqui nesse formigueiro para trabalhar quando noto pessoas precisando de ajuda, como você, Nina. Quero ajudar todos que precisam descobrir seu próprio potencial.

Nina viu o quanto aquilo parecia ser legal!, o quanto ajudar faria ela feliz, mas sabia que precisava de mais tempo para observar, viver e descobrir quem ela é de verdade. Naquele momento, ela podia descansar e ter brilho nos olhos! Observava tudo que via com mais interesse, sem se cobrar tanto, pois o mais importante já estava dentro dela e ela descobririacom paciência. E ajuda, se fosse necessário.

Thais Cunha

Thais Cunha é carioca e Psicóloga Humanista Rogeriana, graduada em 2010 pela Universidade Federal Fluminense, com especialização também em Terapia Cognitivo-Comportamental, Neuropsicologia e Inteligências Múltiplas. Sua paixão pela natureza permeia sua vida e seu trabalho, fornecendo inspiração constante. Além disso, sua exploração das emoções humanas não só enriquece sua prática clínica, mas também se reflete em sua abordagem literária, proporcionando uma visão holística e empática do ser humano.

Publique seu livro:

**Não deixe de conhecer
os outros livros do
selo Asinha em:**

www.asesdaliteratura.com